Bakom det största Baobabträdet

ROSY & MAGALY
MAFUTA

"En gren, en ton, en anteckning i taget"
sa Simba

Morgonsolen sken när Rosy och Magaly sprang ut och lekte på gården. Det var ännu en ny dag och de var redo för att leka deras favoritlek kurragömma.

Tvillingarna Rosy och Magaly hade precis fyllt sju år. Idag ville de klättra upp i ett träd. Men inte i vilket träd som helst, utan i ett stort Baobabträd.

De sprang på trottoaren tills de kom fram till trädet. Bakom det stora Baobabträdet gömde sig lejonet Simba. Magaly såg honom och ropade: "Rosy, kom och titta på lejonet Simba!" Rosy tittade och skrek till av rädsla, hon trodde att Simba skulle äta upp dem. Men Simba, var tvärtom glad över att se de små tvillingarna som såg ut som två droppar vatten.

Jag skulle vilja bli er vän, sa Simba med stort leende. Är det verkligen sant? frågade Magaly. Simba lovade Rosy och Magaly att han skulle hjälpa dem att klättra upp i det stora Baobabträdet . Det verkade så enormt och högt från vart de än befann sig. "Kommer vi någonsin att nå toppen ?" frågade Rosy. Magaly skakade tveksamt på huvudet . "Jag vet inte, det är så högt, Rosy." Lejonet Simba som satt i gräset hade en plan för hur Rosy och Magaly skulle kunna nå toppen av trädet.

Vem vill börja klättra? frågade Simba. "Jag ska börja" sa Rosy bestämt." Jag kommer att hålla fast vid varje gren för att känna om de är tillräckligt starka, så kan du följa efter mig Magaly." Magaly som var rädd för höjder, frågade: "Är du säker på att grenarna kommer att hålla?" Rosy nickade och sa: "Åh ja! Om vi klättrar långsamt är det säkert. Vi tar en gren i taget Magaly?"

Magaly tog ett djupt andetag. "Jag litar på dig" sa hon. Och så, en i taget, började Rosy och Magaly att klättra upp i den stora Baobaben.

Rosy klättrade först och räckte ut sin hand och tog tag i en gren. Hon höll fast den och drog ner den och försäkrade sig om att den var stark nog för att klättra på. Rosy tittade ned och sa: "Okej, Magaly, nu är det din tur." Nu vågade Magaly klättra upp till Rosy. De klättrade gren för gren tills de nådde toppen.

Nu satt de högst upp i trädet och kunde se ut över parken och hela deras hemby. Man kunde se vuxna som höll på med sina vardagssysslor och barn som sprang omkring och jagade kor och tuppar. Det doftade gott efter morgonregnet. "Jag är så glad att vi gjorde det" sa Magaly.

"Jag var rädd, men du hjälpte mig, Rosy."

Tvillingarna kramade om varandra och kunde höra några fåglar som sjöng i närheten. Det var magisk stund!

Snart firade de sin tolfte födelsedag tillsammans. Av sina föräldrar fick de sånglektioner, ett piano och en akustisk gitarr i present. Tvillingarna hade alltid velat lära sig sjunga och spela olika instrument, nu kunde de öva! Rosy hade svårt att lära sig att spela på instrumenten, det var en stor utmaning för henne. Medan Magaly hade lätt för att lära sig spela.

Deras fingrar dansade över tangenterna och musiken lät så vacker. "Jag hjälper dig! Oroa dig inte Rosy, du kommer att lära dig" sa Magaly". En ton och en anteckning i taget, som med vårat träd, kommer du ihåg? frågade Magaly. "Tack, Magaly" sa Rosy. "Vi hjälper alltid varandra, en gren och en ton i taget."

Nu var det dags för tvillingarna att fylla arton år. De skulle börja studera på universitetet direkt efter att de hade tagit studenten. Båda studerade hårt och hade olika ambitioner . Rosy studerade för att bli advokat och Magaly inriktade sig för att bli forskare. Åren gick och de fortsatte att studera men båda kände att saknaden efter den andra bara växte och växte eftersom de bodde så långt ifrån varandra och träffades så sällan . Det krävdes mycket för att att de skulle kunna ses, de behövde åka tåg och buss i många timmar . Tvillingarna hade nu börjat att glida isär. Men de behövde ju faktiskt varandra ! "Hur ska vi göra?" frågade Magaly.

Rosy log och sa: "Vi kommer att göra det! En gren, en ton, en anteckning och en bok i taget. Vi har mycket kvar att lära och så många tentor att skriva".

Dag som natt studerade och hjälpte de varandra. De skrev slutligen sina tentor och tvillingarna blev godkända! "Vi gjorde det, vi klarade det!" sa Magaly och Rosy i mun på varandra.

Till tvillingarnas examensfest kom deras föräldrar, systrar och mor- och farföräldrar. Alla var så stolta!

"Rosy, minns du det stora Baobabträdet som låg i närheten av vårt barndomshem?" frågade Magaly.

"Ja visst!" svarade Rosy. De lämnade den jublande folkmassan och sprang till foten av Baobabträdet.

"Stora Baobabträdet, kommer du ihåg oss?" frågade systrarna samtidigt. Det svarade, "Lyssna flickor, Simba gjorde er till de modiga personerna ni är idag.

Hylla honom och fortsätt att göra meningsfulla saker. Och vad ni är modiga!" fortsatte det stora Baobabträdet.

"Och framför allt glöm inte ett steg, en gren och en anteckning i taget."

LÄSFÖRSTÅELSE

Reflektera över bokens budskap,
helst två och två.

Vad heter huvudpersonerna i boken?

Vad heter trädet som tvillingarna
klättrade upp i?

Vilka instrument lärde de
sig att spela?

Vad heter deras bästa vän?

I vilken ålder började Rosy och Magaly
på universitetet?

Varför säger de "en gren i taget"?

Twin Doves

Rosy Mafuta, is a founder and chairewoman of Twin Doves foundation based in Stockholm Sweden. She achieved a bachelor degree in International Relations at Södertörn University (Stockholm). Rosy Mafuta is fully involved in what she does since she is passionate about progress with issues related to children, old people and women in Sundbyberg district, in Sweden, in Europe, UN and at the international level.

Magaly Mafuta is a founder and secretary of Twin Dove foundation a Nonprofit Association based in Stockholm. She is medical a nurse deeply involved in humanitarian issues related to women's rights. For many years, she attended a Human Rights training and has also been in contact with the Swedish UN section.

Made in the USA
Columbia, SC
14 June 2024

36843535R00015